论语

童心 编著

·北京·

图书在版编目(CIP)数据

论语 / 童心编著. —北京：化学工业出版社，2020.5（2024.10重印）
（国学经典超有趣）
ISBN 978-7-122-35572-0

Ⅰ.①论… Ⅱ.①童… Ⅲ.①儒家②《论语》-青少年读物　Ⅳ.①B222.2-49

中国版本图书馆CIP数据核字（2020）第039636号

责任编辑：陈　曦　　　　　　装帧设计：尹琳琳
责任校对：杜杏然

出版发行：化学工业出版社（北京市东城区青年湖南街13号 邮政编码100011）
印　　装：天津裕同印刷有限公司
710mm×1000 mm　1/16　印张10　2024年10月北京第1版第12次印刷

购书咨询：010-64518888　　　　　　售后服务：010-64518899
网　　址：http://www.cip.com.cn
凡购买本书，如有缺损质量问题，本社销售中心负责调换。

定　　价：39.80元　　　　　　　　　　　　　　　版权所有　违者必究

目录

学而篇第一……………… 1
   勤能补拙 ……………… 1
   口蜜腹剑 ……………… 3
   以和为贵 ……………… 5
   忘恩负义 ……………… 8
   富而不骄 ……………… 13

为政篇第二……………… 15
   村民营救秦穆公 ……… 15
   按图索骥 ……………… 17
   实事求是出河间 ……… 19
   孙叔敖做官 …………… 21
   徙木立信 ……………… 23

八佾(yì)篇第三………… 25
   不懂就问 ……………… 25
   塞翁失马 ……………… 27

里仁篇第四……………… 29
   割席分坐 ……………… 29
   庄子的"三剑" ……… 31
   辞官归养 ……………… 33
   杜甫书信劝吴郎 ……… 34
   姜子牙出山 …………… 36

公冶长篇第五…………… 38
   子贱治单父 …………… 38
   宰予置疑 ……………… 40

   黄太极劝降洪承畴 …… 42
   子产相国 ……………… 44
   晏子使楚 ……………… 46
   不食周粟 ……………… 48

雍也篇第六……………… 50
   有修养的颜回 ………… 50
   徐世隆授徒 …………… 52

述而篇第七……………… 53
   米芾专心练"捺" …… 53
   洛阳纸贵 ……………… 54
   孔子拜师 ……………… 56

泰伯篇第八……………… 58
   白帝城受命 …………… 58
   鉴真东渡 ……………… 59
   纸上谈兵 ……………… 61
   尧禅让帝位 …………… 63

子罕篇第九……………… 65
   固执己见的苻坚 ……… 65
   后生可畏 ……………… 68
   杀身成仁 ……………… 70
   荣启期三乐 …………… 72

乡党篇第十……………… 73
   周公辅成王 …………… 73
   张良拾鞋 ……………… 75

生死之交 …………… 78

先进篇第十一 ………… **80**
　　鞭打芦花 …………… 80
　　子路之死 …………… 82

颜渊篇第十二 ………… **84**
　　东床快婿 …………… 84
　　杨继盛冒死劾严嵩 … 86
　　桃园三结义 ………… 89
　　汉文帝弑舅 ………… 91
　　郑板桥成人之美 …… 93

子路篇第十三 ………… **95**
　　书呆子 ……………… 95
　　曹操割发代首 ……… 98
　　康熙帝平定三藩 …… 100
　　拔苗助长 …………… 102
　　视权贵如腐鼠 ……… 104

宪问篇第十四 ………… **106**
　　陶侃搬砖 …………… 106
　　管仲预见 …………… 108
　　魏征直言敢谏 ……… 110
　　马谡失街亭 ………… 112
　　一身是胆 …………… 115

卫灵公篇第十五 ……… **118**
　　尸谏 ………………… 118

　　李后主亡国 ………… 120
　　君子柳下惠 ………… 122
　　触龙说赵太后 ……… 124
　　隋炀帝自取灭亡 …… 126
　　一代楷模 …………… 128

季氏篇第十六 ………… **130**
　　近朱者赤，近墨者黑 … 130
　　赵子龙无贪欲 ……… 132

阳货篇第十七 ………… **134**
　　种瓜 ………………… 134
　　丙吉宽厚对车夫 …… 136
　　三人成虎 …………… 138

微子篇第十八 ………… **140**
　　纣王拒谏 …………… 140
　　惠妻疑渎 …………… 142
　　孔子周游列国 ……… 143
　　杯酒释兵权 ………… 145

子张篇第十九 ………… **147**
　　东山再起 …………… 147
　　周处除三害 ………… 149

尧曰篇第二十 ………… **151**
　　明太祖惩贪吏 ……… 151
　　仁慈宽厚的宋仁宗 … 154

学而篇第一

[原文] 子曰："学而时习之，不亦说（yuè）乎？有朋自远方来，不亦乐乎？人不知而不愠（yùn），不亦君子乎？"

[译文] 孔子说："学习过的知识常常温习，不是很愉快吗？有志同道合的朋友从远方来，不是很快乐的吗？别人不了解我，我也不抱怨，不也是一个有德的君子吗？"

勤能补拙

宋朝时，有个名叫陈正之的学者，写了很多著作，还教出许多学生，被人们尊称为"陈学者"。

陈正之小时候反应非常迟钝，人们都叫他"陈傻子"。

123木头人，我是木头人。

陈傻子！看……这……里！

五六岁的时候，陈正之被父母送进学堂。可是他每堂课只能学四五个字，学多了就分不清楚了。

人之初（齐声）……

人之初，我晕乎乎——

一篇简短的文章，他常常要读过几十遍，才能结结巴巴地完全读出来。

别人读一遍,他读十遍;别人学一个时辰,他就学两个时辰。后来,他一天可以读好几本书。

[原文] 子曰:"巧言令色,鲜矣仁。"
[译文] 孔子说:"花言巧语,装出和颜悦色的样子,这种人是很少有仁德的。"

口蜜腹剑

唐玄宗李隆基在位二十多年时,天下太平,边防安全,他骄傲起来,过起了享乐的日子。

宰相张九龄多次劝说都无效。

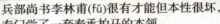

兵部尚书李林甫(fǔ)很有才能但本性很坏,专门学了一套奉承拍马的本领。

一天,唐玄宗找李林甫议事。李林甫对答如流,句句说到玄宗的心上。

[原文] 有子曰:"礼之用,和为贵。"
[译文] 有子说:"礼仪的应用,以和谐为可贵。"

以和为贵

东汉时期,有一个叫邓绥(suí)的女子,她从小美丽善良,喜欢读书。邓绥六岁读史书,十二岁便能理解《诗经》《论语》,并且常常和哥哥们讨论。

阴皇后不死心，又借助巫术陷害邓绥。没想到阴谋败露，被皇帝幽禁起来，最后被废。

第二年，阴氏忧郁而死。阴皇后被废之后，汉和帝便要立邓绥为皇后。

[原文] 有子曰:"信近于义,言可复也。恭近于礼,远耻辱也。因不失其亲,亦可宗也。"

[译文] 有子说:"讲信用要符合道义,这样诺言才能实现。恭敬的态度要符合礼仪,这样才能远离耻辱。所依靠的都是值得亲近的人,也就值得尊敬了。"

忘恩负义

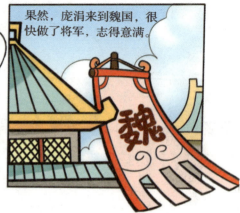

过了几个月,孙膑听说齐国使臣来到魏国。

这天夜里,孙膑偷偷爬着 去见那位使臣。

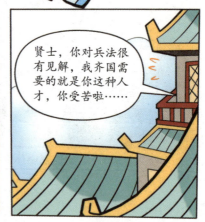

几天后,孙膑在郊外秘密坐上齐国使臣的马车,前往齐国。后来,他得到齐威王的重用。

[原文] 子贡曰："贫而无谄(chǎn)，富而无骄，何如？"
子曰："可也。未若贫而乐，富而好礼者也。"

[译文] 子贡说："贫穷而能不谄媚，富有而能不骄傲自大，怎么样？"孔子说："这也算可以了。但是还不如虽贫穷而能怡然自乐，虽富贵而又谦逊好礼的人。"

富而不骄

为政篇第二

[原文] 子曰:"为政以德,譬如北辰,居其所而众星共之。"

[译文] 孔子说:"用道德教化来处理政事,为政者就会像北极星那样,自己居于一定的方位,而群星都会环绕在它的周围。"

村民营救秦穆公

[原文] 子曰:"学而不思则罔(wǎng),思而不学则殆(dài)。"

[译文] 孔子说:"只读书学习而不思考问题,就会迷惑而没有收获;只空想而不读书学习,那就会很危险了。"

按图索骥

春秋时期,秦国有个叫孙阳的人,擅长相马,人们都叫他"伯乐"。

有一次,孙阳看见一匹拉盐车的老马冲他叫个不停。

为了让更多的人学会相马,使千里马不再被埋没,孙阳把自己的相马经验和知识写成了一本书,配上各种马的形态图,书名叫《相马经》。这天,儿子看了父亲写的书。

儿子经过池塘,看见荷叶上有一只癞蛤蟆。

[原文] 子曰："由，诲女（rǔ）知之乎？知之为知之，不知为不知，是知也。"

[译文] 孔子说："仲由，我跟你说的话你知道了吗？知道就是知道，不知道就是不知道，这就是知。"

实事求是出河间

西汉时，景帝刘启有十四个儿子。

其中一个儿子叫刘德，被封在河间，为河间王。

我爱读书，尤其是喜欢研究古书。

由于秦始皇焚书坑儒和秦末农民大起义，流传下来的古籍很少。刘德到河间后，广泛征集古书，招揽天下的儒人学士。

刘德还亲自四处寻访，足迹踏遍鲁、燕、赵、魏。天下儒学之士听说后，都不远万里把祖上留下的书籍献给他。有些人干脆投在他门下，和他一起收集、整理古籍。

就这样，河间王的名声越传越远，他收集的古书也越来越多。

刘德为王几十年，始终没有卷入王室斗争，而是把毕生精力用在古文化上。

后来，东汉史学家班固在编撰（zhuàn）《汉书》时，为刘德立了传。

[原文] 哀公问曰:"何为则民服?"孔子对曰:"举直错诸枉,则民服;举枉错诸直,则民不服。"

[译文] 鲁哀公问:"怎样做百姓才能心服呢?"孔子回答说:"把正直无私的人提拔上来,把奸邪小人置于一旁,老百姓就会心服;把奸邪小人提拔上来,而把正直无私的人置于一旁,老百姓就不会服从统治了。"

孙叔敖做官

[原文]子曰："人而无信，不知其可也。"
[译文]孔子说："一个人不讲信用，真不知道怎么能行。"

徙木立信

商鞅（yāng）是卫国公族的后裔（yì），他从小研读刑名之学，对法律、军事的研究已超出前辈吴起、李悝(kuī)，甚至还摸索出一套变法理论。但是，一直没有实现理想的地方。

公元前361年，秦孝公继位，颁布"求贤令"。

秦国！我商鞅来喽！

在宠臣景监的引荐下，商鞅见到了秦孝公。

你的变法理论我非常赞同，相信你是我秦国未来的希望！

后来，商鞅又以自己的才学说服了秦国的大臣们。

这个变法很重要，怎么变也是很讲究的！

嗯！很好！不错！

不过，商鞅心里明白，要想实行变法,最重要的还是得到老百姓的支持。

南门

这天，商鞅在国都南门竖起一根三丈高的木头。向百姓们宣布："谁能把这根木头扛到北门，赏赐十金！"

八佾(yì)篇第三

[原文] 子入太庙，每事问。或曰："孰谓鄹（zōu）人之子知礼乎？入太庙，每事问。"子闻之，曰："是礼也。"

[译文] 孔子到了太庙，每件事都要问一问。因此有人说："谁说叔梁纥（hé）的儿子懂得礼呀，他到了太庙里，什么事都要问别人。"孔子听到这话后说："这样才叫知礼呀！"

不懂就问

孔子是春秋时期人，是我国伟大的思想家，人们尊奉他为"孔圣人"。

[原文] 子闻之曰:"成事不说,遂事不谏(jiàn),既往不咎(jiù)。"

[译文] 孔子听后说:"已经做过的事不要再提了,已经完成的事不用再去劝阻了,已经过去的事也不必再追究了。"

塞翁失马

塞翁养了许多马。一天,有一匹马走失了。邻居们知道后,都来安慰他。

过了几天,丢失的马回来了,还带回了一匹胡人的骏马。邻居们听说了,又来向塞翁贺喜。

里仁篇第四

[原文] 子曰："里仁为美。择不处仁，焉得知？"

[译文] 孔子说："跟有仁德的人住在一起，才是好的。如果你选择的住处不是跟有仁德的人在一起，怎么能说你是明智的呢？"

过了几天，管宁和华歆坐在一张席子上读书。这时，外面传来锣鼓声和人们的欢呼声。

[原文] 子曰："朝闻道，夕死可矣。"

[译文] 孔子说："早晨懂得了道理，就是当天晚上死去也可以啊。"

庄子的"三剑"

战国时代，赵国的赵文王特别喜欢剑术，四面八方的剑士们纷纷前来献技。

太子赵悝（kuī）非常忧虑，这天，他召集大臣们商量对策。

第一把**天子剑**，以燕溪的石城山为锋，齐国的泰山为刃，晋、卫两国为脊，周、宋两国为首，韩、魏两国为柄。
第二把**诸侯剑**，以智勇之士为锋，清廉之士为刃，贤良之士为脊，忠圣之士为首，豪杰之士为柄。
第三把**庶人剑**，被那些粗俗凶恶的人持有。大王坐在天子的宝座上，却喜欢看这些人比剑，我为大王感到难过啊！

[原文] 子曰："父母在，不远游，游必有方。"

[译文] 孔子说："父母在世，不远离家乡，如果不得已要出远门，也一定要向父母报告行踪。"

辞官归养

南北朝时期，有一个叫阎元明的人，他以孝顺为人称道。

当地刺史听说这件事后，不仅号召人们向阎元明学习，还免除了阎元明的赋税和兵役，让他安心照顾母亲。

几年后，母亲去世，阎元明每天痛哭流涕。以后每到忌日，他都要到母亲的坟上放声痛哭，听见的人没有不感动的。

[原文] 子曰："以约失之者鲜矣。"

[译文] 孔子说："对自己加以约束而有过失的，是很少的呀！"

杜甫书信劝吴郎

杜甫被后人称为"诗圣"，祖父是武则天时期著名诗人，父亲曾为兖（yǎn）州司马和奉天县令，因此杜甫享有不纳租税、不服兵役等特权。

杜甫从七岁时便会吟诗。

二十岁起，杜甫开始游览祖国的名山大川，这不仅开阔了他的眼界，也让他了解到了百姓的疾苦。

公元746年，35岁的杜甫来到长安。第二年，他参加了由唐玄宗下诏举行的科举考试，由于奸臣李林甫作梗，全体应试者没有一个人被录取。

直到公元755年，杜甫终于得到一个看管兵甲仓库的差事。

有一位孤苦伶仃的老妇人，经常到杜甫的地里挖野菜或者打枣吃。杜甫可怜她，从不阻拦。

后来，杜甫搬走了，草堂让一位姓吴的亲戚居住。这位姓吴的亲戚不让老妇人来打枣，特地在草堂四周插上了篱笆。

杜甫知道这件事后，提笔写了一首《又呈吴郎》的诗，劝亲戚要同情和关心穷人。

[原文] 子曰："德不孤，必有邻。"
[译文] 孔子说："有德行的人是不会孤立的，一定会有思想一致的人与他亲近。"

姜子牙出山

姜子牙，又叫姜太公，他精通兵法，可惜一直怀才不遇。为了生活，他年轻时开过小酒店、卖过牛肉。72岁时，姜子牙来到渭水之滨垂钓。

公冶长篇第五

[原文]子谓子贱:"君子哉若人!鲁无君子者,斯焉取斯?"

[译文]孔子评论宓(fú)子贱说:"这个人真是个君子呀!如果鲁国没有君子的话,他是从哪里学到这种品德的呢?"

子贱治单父

孔子的学生子贱,有一次奉命担任单父(Shànfǔ,今山东菏泽单县)的官吏。临行前,他来见鲁公。

两个史官一怒之下回去报告鲁公,鲁公又派人请来孔子。

鲁公恍然大悟。

三年后,孔子派巫马施前往单父观察政绩。

巫马施经过海边，看到一个打鱼的，只见他在渔网里挑拣了一番，把剩下的鱼又放回海里。

你为什么把那些鱼放掉呢？

大夫宓子贱很爱这种大鱼，而对这些小鱼，大夫想叫它们长大，所以打到小鱼我们就放掉。

巫马施听了，回去见孔子。

宓子贱的德行真是达到极致了！百姓们做事时，好像有严厉的刑罚在身边似的，他是用什么方法做到的呢？

这一方面用了力，那一方面就能表现出来。

最令人惊奇的是，子贱到任后常常弹琴自娱，不管政事。但单父却井井有条，民兴业旺，百姓们也都很有礼法。

人间花满爱

过了一段时间，孔子问子贱做了官，有什么得失。

以前我从早忙到晚，却没有把单父治理好，而你为什么能治理得这么好呢？

你靠自己的力量去治理，而我却是发动别人的力量来完成任务，自然就很轻松了。

没有失去什么，只得到了三种东西：学过的知识能用上了，薪俸可以养活家人朋友，有时间去走亲访友了。

子贱真是君子啊！

39

[原文] 宰予昼寝（qǐn），子曰："朽木不可雕也，粪土之墙不可杇（wū）也，于予与何诛？"

[译文] 孔子的学生宰予白天睡觉，孔子说："腐朽的木头无法雕琢，粪土垒的墙壁无法粉刷，对于宰予这个人，责备还有什么用呢？"

宰予置疑

宰予是孔子的弟子，他能言善辩，思想活跃，经常提出一些刁钻古怪的问题，唯一的缺点就是爱睡懒觉。

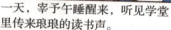

一天，宰予午睡醒来，听见学堂里传来琅琅的读书声。

[原文] 子曰："吾未见刚者。"或对曰："申枨（chéng）。"子曰："枨也欲，焉得刚？"

[译文] 孔子说："我没有见过刚毅的人。"有人回答说："申枨就是刚毅的人。"孔子说："申枨这个人欲望太多，怎么会刚毅不屈呢？"

皇太极劝降洪承畴

洪承畴（chóu）是明朝大臣。清兵入侵时，洪承畴打了败仗，被清军俘获。皇太极爱惜人才，派人劝说他投降。

皇太极先派美女去劝降，可是没有成功。皇太极又派宠臣范文程去劝降。

[原文] 子谓子产："有君子之道四焉。其行己也恭，其事上也敬，其养民也惠，其使民也义。"

[译文] 孔子评论子产说："他有君子的四种道德。自己行为庄重谦逊，侍奉君主恭敬，养护百姓有恩惠，役使百姓有法度。"

子产相国

子产对待他人仁爱有礼，侍奉君主忠诚恭敬，是郑国著名的贤相。

这年，父亲公子发率军攻打蔡国，胜利归来！郑国人人都很高兴，只有子产不以为然。

果然，不到一年，楚国和晋国接连发兵骚扰郑国。

[原文] 子曰："晏平仲善与人交，久而敬之。"

[译文] 孔子说："晏平仲善于与人交朋友，相识久了，别人仍然尊敬他。"

晏子使楚

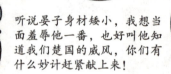

晏子来到朝堂，拜见楚灵王。

不一会儿，一个卫兵押着一个囚犯走上来。

经过几次交锋，楚灵王再也不敢小瞧晏子。晏子成功地完成任务，回到齐国。

[原文] 子曰："伯夷、叔齐不念旧恶，怨是用希。"

[译文] 孔子说："伯夷、叔齐两个人不记过去的仇恨，因此，别人对他们的怨恨也就少了。"

不食周粟

伯夷、叔齐是商朝末年孤竹君的两个儿子。

从此,伯夷、叔齐在一起过着居无定所的流浪生活。

半路上,兄弟俩听说周文王死了,周武王举兵伐纣。

后来,周武王灭商,建立周朝。伯夷、叔齐发誓不吃周朝的粮食,兄弟俩吃野果、野菜为生。

兄弟俩从此不吃不喝,最后饿死了。

雍也篇第六

[原文] 子曰："贤哉回也！一箪（dān）食，一瓢饮，在陋巷，人不堪其忧，回也不改其乐。贤哉回也！"

[译文] 孔子说："颜回的品质多么高尚啊！一竹筐饭，一瓢水，住在粗陋的小巷里，别人都忍受不了这种穷困，但是颜回却没有改变他好学的性格并乐在其中。颜回的品质是多么高尚啊！"

有修养的颜回

[原文] 子曰："中人以上，可以语上也。中人以下，不可以语上也。"

[译文] 孔子说："具有中等以上资质的人，可以给他讲授高深的学问。中等资质以下的人，不可以给他讲授高深的学问。"

徐世隆授徒

元朝人徐世隆学富五车，人们仰慕他的才学，纷纷让自己的孩子向他拜师求学，以期望孩子将来有所成就。

述而篇第七

[原文]子曰："默而识(zhì)之,学而不厌,诲人不倦,何有于我哉？"

[译文]孔子说："默默地记住所学的知识,学习不觉得厌烦,教育人不知道疲倦,我哪一点做到了呢？"

米芾专心练"捺"

米芾(fú),北宋著名书法家、画家,人称"米南宫",与蔡襄、苏轼、黄庭坚合称为"宋四家"。

米芾早年练王羲之的字,天天照着临摹,其中,点、横、竖都练得很有功力,只有捺写不好。

[原文] 叶公问孔子于子路，子路不对。子曰："女奚不曰，其为人也，发愤忘食，乐以忘忧，不知老之将至云尔。"

[译文] 叶公向子路打听孔子是个什么样的人，子路没有回答。孔子（对子路）说："你为什么不这样说，他这个人，发愤用功，连吃饭都忘了，高兴起来就忘了一切忧虑，连自己快要老了都不知道，如此而已。"

洛阳纸贵

西晋著名文学家左思，小时候说话口吃，反应迟钝，一副痴呆的样子。

左思先学习书法，后去练琴，结果都没有学成，父亲对他更加失望。

左思不甘心受到大家的鄙视，发奋学习，终于写得一手好文章，并以辞藻瑰丽而小有名气。

后来，左思的妹妹因品貌出众、才学过人，被晋武帝选召入宫，左思也随全家来到京城洛阳。

为了使笔笔有着落，左思开始收集资料。

经过长期奔波，左思开始闭门谢客，投入创作。他每写一句话，都要仔细斟酌。

经过十年的努力，《三都赋》终于写成了！

可当他把文章给人们看时，却受到很多嘲笑和挖苦。

著名文学家陆机听说名不见经传的左思写《三都赋》，很瞧不起他。

哼，小菜鸟。

不过，当时许多文人都对这本书称赞不已，慢慢地，《三都赋》开始风靡京都！

人们竞相传抄，一下子使洛阳的纸价涨了好几倍。

[原文] 子曰："三人行，必有我师焉。择其善者而从之，其不善者而改之。"

[译文] 孔子说："三个人一起走路，其中必定有人可以做我的老师。我选择他们的优点来学习，对于他们的缺点则加以改正。"

孔子拜师

孔子学问高深，但对于不懂的问题总会拜师请教，哪怕对方是个孩子。

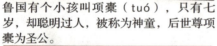

鲁国有个小孩叫项橐（tuó），只有七岁，却聪明过人，被称为神童，后世尊项橐为圣公。

泰伯篇第八

[原文] 曾子曰："可以托六尺之孤，可以寄百里之命，临大节而不可夺也。君子人与？君子人也。"

[译文] 曾子说："可以把年幼的君主托付给他，可以把国家政权托付给他，面临生死存亡的紧急关头而不动摇屈服。这样的人是君子吗？当然是君子啊！"

白帝城受命

[原文] 曾子曰："士不可以不弘毅，任重而道远。仁以为己任，不亦重乎？死而后已，不亦远乎？"

[译文] 曾子说："士不可以不刚强而有毅力，因为他责任重大，路途遥远。把实现仁德作为自己的责任，难道还不重大吗？终生奋斗，死而后已，难道路途还不遥远吗？"

鉴真东渡

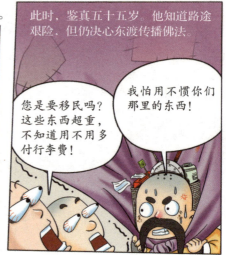

[原文] 子曰："狂而不直，侗（tóng）而不愿，悾（kōng）悾而不信，吾不知之矣。"

[译文] 孔子说："狂妄而不正直，无知而不谨慎，表面上诚恳而不守信用，我真不知道这种人会怎么样。"

纸上谈兵

公元前260年,赵王召回廉颇,赵括当上了赵军的大将。

白起哪里逃,给我全军出击!快追!

秦将白起用诱兵之计,故意打了几个败仗,然后迅速撤退。

赵括率军追赶,结果遭到伏击,全军被围。四十多天后,由于没有粮食,军中发生了人吃人的惨剧,赵括决定强行突围。

太饿了!

冲啊……

赵括一出阵,就被秦军乱箭射死。

赵军失去了主帅,顿时大乱,秦军猛烈进攻,赵军纷纷投降。

全部活埋!

将军,这四十万俘虏怎么办?光吃饭我们也供应不起啊!

赵括只会"纸上谈兵",结果使赵军在长平之战中惨败,赵国从此元气大伤。

早知道就不投降了!打死算了!总比活埋好!呜呜——

临死都没吃上口热乎饭。

[原文] 子曰："巍巍乎！舜禹之有天下也，而不与焉。"

[译文] 孔子说："多么崇高啊！舜和禹得到天下，却不占有它。"

子罕篇第九

[原文] 子绝四：毋（wú）意，毋必，毋固，毋我。

[译文] 孔子杜绝了四种弊病：不主观猜疑，不绝对肯定，不固执拘泥，不唯我独尊。

固执己见的苻坚

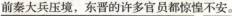

前秦大兵压境，东晋的许多官员都惊惶不安。

苻坚登上城楼,只见晋军阵容严整,旗帜鲜明,惊诧中错把对面山上的草木当成了晋军。

谢石、谢玄派人给苻坚送来一封战书。

将军带大军列阵水边,难道不想打仗吗?你们后撤出一块地方作为战场,让我们渡过淝水,咱们一决胜负,岂不痛快?

[原文] 子曰："后生可畏，焉知来者之不如今也？四十、五十而无闻焉，斯亦不足畏也已。"

[译文] 孔子说："年轻人是值得敬畏的，怎么就知道他们将来不如现在的人呢？如果到了四五十岁时还默默无闻，那他就不值得敬畏了。"

后生可畏

春秋时期，孔子周游列国，到处讲学。

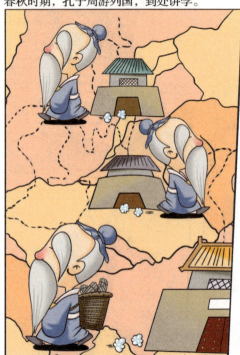

有一次，孔子碰见三个小孩。只见两个正在玩耍，而另一个小孩却站在旁边。

真无聊……

孩子，你为什么不和大家一起玩？

打闹容易误伤或者撕破衣服，也没有什么好处。

孔子听了，心里非常惊讶，决定再观察一会儿。

咱们休息一下，顺便看看他们玩！

老师，一群小孩子玩有什么好看！

过了一会儿，小孩们用泥土在路中间垒起一座"城堡"，坐在里面玩耍，好久也不出来。

呵呵，真是天真无邪啊！

[原文] 子曰："岁寒，然后知松柏之后凋也。"

[译文] 孔子说："到了寒冷的季节，才知道松树、柏树是最后凋零的。"

杀身成仁

文天祥是南宋著名的民族英雄。这一年，他拿出全部家产，招募了3万壮士，组成义军，保家卫国。

1279年，南宋统治者投降了元军，文天祥仍然坚持抗元。

不久，文天祥兵败被俘，被押到广州。

救国如救父母。父母有病，即使难以医治，儿子还是要全力抢救啊！

宋朝已经灭亡，就算你为忠孝而死，也没人把这件事写在国史上，还是投降吧！

作为臣子，眼看国家灭亡，却不能拯救，死了也不可惜！

后来，文天祥又被押到元大都。

此时，文天祥的妻子和两个女儿也被抓到了大都。

快写信让你们的父亲投降，省得他受苦！

文天祥看完女儿的来信，痛断肝肠，但他依然决定不投降。

亲情没有动摇文天祥,元朝统治者又用酷刑折磨他。

这天,元丞相孛罗威胁文天祥。

1282年,元世祖忽必烈决定改变策略。

文天祥收到老友王积翁的信,看后回信说:管仲不死,功名流芳百世;天祥不死,只会遗臭万年。

忽必烈无奈,决定杀了文天祥。文天祥在柴市刑场从容就义。

[原文] 子曰："知者不惑，仁者不忧，勇者不惧。"

[译文] 孔子说："聪明人不会迷惑，有仁德的人不会忧愁，勇敢的人不会畏惧。"

荣启期三乐

乡党篇第十

[原文] 君命召，不俟（sì）驾行矣。

[译文] 国君召见（孔子），他不等车马驾好就先步行走了。

周公辅成王

周武王建立周朝不久，就得了重病。临死前，他把弟弟周公旦叫到病榻前……

武王病逝后，年幼的成王继位，周公旦开始辅佐成王。

要想让周朝更加繁荣强大，就一定要重视人才，网罗能人！

有一次，周公和家人正在吃饭。周公刚把一块肉放到嘴里，听仆人说有客人来，他立刻把肉吐出来，起身走了。

噗！

过了好一会儿，他才回到饭桌前，可刚拿起筷子，把一块肉放进嘴里。

老爷，又有客人来拜访您。

老爷，总有客人来拜访您！

噗！

噗！

这天，周公见到了姜尚、召公等人。

[原文] 乡人傩（nuó），朝服而立于阼（zuò）阶。

[译文] 乡人举行招神驱鬼的仪式时，（孔子）会穿上朝服站在东面的台阶上（迎接傩队）。

张良拾鞋

张良是韩国人，公元前230年，韩被秦所灭，张良决心为韩国报仇。

两年后，秦始皇到阳武巡视，张良刺杀秦始皇失败，于是改名换姓，在一个叫下邳（pī）的地方隐居起来。

一天，张良散步到一座桥上，碰上了一个老头。

只见那老头走了一段路，又转身走了回来。

五天后，天刚刚放亮，张良就来到约好的地点。

五天后，还不到后半夜，张良就去了桥头。

[原文] 朋友死，无所归，曰："于我殡。"

[译文] （孔子的）朋友死了，没有亲属去安葬，孔子说："丧事由我来办吧。"

 生死之交

洪亮吉与黄景仁是少年时代的同学和知交，两人都出身贫寒，也都曾在科场苦战。

乾隆四十二年，黄景仁客居北京。

三年后。

先进篇第十一

[原文] 子曰:"孝哉闵子骞!人不间于其父母昆弟之言。"

[译文] 孔子说:"闵子骞真是孝顺啊!人们听了他父母兄弟称赞他的话,也找不出可挑剔(tì)的地方。"

鞭打芦花

[原文] 闵子侍侧，訚（yín）訚如也；子路，行（hàng）行如也；冉（rǎn）有、子贡，侃（kǎn）侃如也。子乐。"若由也，不得其死然。"

[译文] 闵子骞（qiān）侍立在孔子身旁，一派和悦而温顺的样子；子路是一副刚强的样子；冉有、子贡是温和快乐的样子。孔子很高兴，但又说："像仲由这样，只怕会死于非命吧！"

颜渊篇第十二

[原文] 子曰："非礼勿视，非礼勿听，非礼勿言，非礼勿动。"颜渊曰："回虽不敏，请事斯语矣。"

[译文] 孔子说："不合乎礼的不要看，不合乎礼的不要听，不合乎礼的不要说，不合乎礼的不要做。"颜回说："我虽然愚笨，也要照您说的这些话去做。"

东床快婿

[原文] 子曰："内省（xǐng）不疚（jiù），夫何忧何惧？"
[译文] 孔子说："自己问心无愧，那还有什么忧愁和恐惧呢？"

杨继盛冒死劾严嵩

杨继盛是明代著名谏（jiàn）臣。他出身贫苦，七岁时母亲去世，继母待他很不好，让他去放牛。

每天，杨继盛都会从私塾门前经过。

真好，我也好想进去念书啊！

父亲见他有志气，就让他一面读书，一面放牛。

杨继盛非常好学，长大后参加科举考试，中了进士。

嗯，年轻人很有才华哦！

明世宗的时候，宰相严嵩(sōng)是个大奸臣，他把持朝政，陷害忠良。

严嵩当上首辅后,和他儿子严世蕃一起,结党营私,贪赃枉法,干尽坏事。

公元1550年,北面的鞑靼(Dádá)部率军长驱直入,一直打到北京城郊。明世宗派仇鸾(luán)统率各路援军保卫京城。

严嵩指使仇鸾一箭不发,任由鞑靼兵掳(lǔ)掠人、畜和财物,满载而去。

嘘!让他们想拿什么拿什么,这样我们就安全了,乖啊!

唔!唔……

慢走啊!

这时,杨继盛任兵部员外郎,他多次上奏明世宗,弹劾(tánhé)严嵩。

严嵩气急败坏,在明世宗面前诬陷杨继盛。

严嵩恶贯满盈!有十大罪!请圣上明察!

我瞎了!看不见!

皇上!杨继盛说您昏庸无能,您可要管管啊。

把他杖打一百,再关入天牢!

[原文]司马牛忧曰:"人皆有兄弟,我独亡(wú)。"子夏曰:"商闻之矣:死生有命,富贵在天。君子敬而无失,与人恭而有礼,四海之内,皆兄弟也。君子何患乎无兄弟也?"

[译文]司马牛忧愁地说:"别人都有兄弟,唯独我没有。"子夏说:"我听说过,死生在于命运,富贵在于上天。君子只要谨慎而无过失,对人恭敬而有礼,四海之内,皆是兄弟呀!君子何必担忧没有兄弟呢?"

桃园三结义

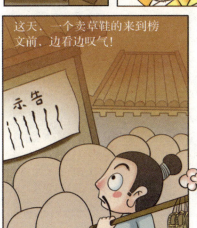

[原文] 子张问政，子曰："居之无倦，行之以忠。"

[译文] 子张问如何治理政事，孔子说："居于官位不懈怠（xièdài），行事要忠心。"

汉文帝弑舅

汉文帝刘恒在中国历史上很有名，"文景之治"就是对他政绩的充分肯定。刘恒是刘邦的四儿子，母亲是薄（bó）姬。

[原文] 子曰："君子成人之美，不成人之恶。小人反是。"

[译文] 孔子说："君子成全别人的好事，而不助长别人的恶行。小人则与此相反。"

郑板桥成人之美

子路篇第十三

[原文] 子曰："诵《诗》三百，授之以政，不达；使于四方，不能专对，虽多，亦奚以为？"

[译文] 孔子说："《诗经》三百多篇读得滚瓜烂熟，让他去处理政事，却不会用书中的思想来办事；让他出使外邦，又不能独当一面；这样的话，就算读了很多书，又有什么用呢？"

 ## 书呆子

很快,公子又出门。这次他看见一对夫妻在打架。

公子勇敢地冲过去,给了那夫妻俩一人一巴掌。结果,反被那对夫妻狠狠地教训了一顿。

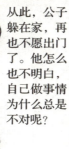

从此,公子躲在家,再也不愿出门了。他怎么也不明白,自己做事情为什么总是不对呢?

[原文] 子曰:"其身正,不令而行;其身不正,虽令不从。"

[译文] 孔子说:"自身端正了,即使不发布命令,老百姓也会去实行;自身不端正,即使发布了命令,老百姓也不会服从。"

[原文] 叶公问政。子曰:"近者说(同'悦'),远者来。"
[译文] 叶公问孔子怎样管理政事。孔子说:"使近处的人高兴,使远处的人来归附。"

康熙帝平定三藩

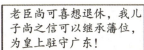

[原文] 子夏为莒父(Jǔfǔ)宰，问政。子曰："无欲速，无见小利。欲速则不达，见小利则大事不成。"

[译文] 子夏做莒父的地方官，问孔子怎样办理政事。孔子说："不要求快，不要贪求小利。求快反而达不到目的，贪求小利就做不成大事。"

拔苗助长

[原文] 子曰："君子泰而不骄，小人骄而不泰。"

[译文] 孔子说："君子安静坦然而不傲慢无礼，小人傲慢无礼而不安静坦然。"

视权贵如腐鼠

惠施是战国时期的政治家、辩客和哲学家，学问很渊博。

这一年，魏国宰相死了，魏王急召惠施入宫。

这天来到河边，惠施因为着急掉进了水里。幸好有个船家看见了，将他救了上来。

惠施到魏国后,果然做了宰相。

南方有只鸟,叫凤凰,它在梧桐树上休息,吃最好的果实,喝最甘甜的泉水。这时,有只猫头鹰正吃着一只腐烂的老鼠,恰好凤凰从头顶飞过。猫头鹰急忙护住腐鼠,仰头大喊:啊!难道你想和我夺食吗?

105

宪问篇第十四

[原文] 子曰："士而怀居，不足以为士矣。"

[译文] 孔子说："士如果贪恋安逸生活，就称不上士了。"

陶侃搬砖

晋代名将陶侃因为屡建奇功，被封以高官，享有厚禄。但是，他并不因为自己劳苦功高而有稍许懈怠。他胸怀大志，发誓要收复中原。公元315年，陶侃率兵击败反晋武装，声威很大。因受到权臣王敦的猜忌陷害，被解除了兵权。

我这大将军一下子成了无事可做的闲人，无聊啊——

虽然我现在很闲，但我仍然要锻炼身体，强健体魄，说不定哪天又可以重返战场！

搬砖！

每天早晨，他将砖一块块搬到院子里。

到了下午，又一块块地搬回屋里，常常累得满头大汗。

[原文]子路曰:"桓(huán)公杀公子纠,召忽死之,管仲不死。"曰:"未仁乎?"子曰:"桓公九合诸侯不以兵车,管仲之力也。如其仁,如其仁。"

[译文]子路说:"齐桓公杀了公子纠,召忽为此而死,但管仲却没有死。"又说:"管仲不能算是仁德的人吧?"孔子说:"桓公多次召集各诸侯国的会盟不用武力,都是管仲的力量啊。这就是他的仁德呀,这就是他的仁德呀。"

管仲预见

[原文] 子路问事君。子曰:"勿欺也,而犯之。"

[译文] 子路问怎样侍奉君主。孔子说:"不能欺骗他,但可以犯颜直谏。"

魏征直言敢谏

有一次,唐太宗下令:

魏征提的意见多了,难免与唐太宗发生争执。有一次,魏征居然在朝上和唐太宗争得面红耳赤。

[原文] 子曰："君子耻其言而过其行。"

[译文] 孔子说："君子认为说得多而做得少是可耻的。"

马谡失街亭

这时,王平联合了高翔、魏延去援救马谡,不巧半路上遇到魏将张郃(hé)。

诸葛亮接到王平送来的营寨地图,打开一看,吓得脸都变了颜色。

[原文]子曰："君子道者三，我无能焉：仁者不忧，知者不惑，勇者不惧。"子贡曰："夫子自道也。"

[译文]孔子说："君子之道有三方面，我都没做到：仁德的人不忧愁，聪明的人不迷惑，勇敢的人不畏惧。"子贡说："这正是老师的自我表述啊！"

一身是胆

卫灵公篇第十五

[原文] 子曰:"直哉史鱼!邦有道如矢;邦无道如矢。君子哉蘧(qú)伯玉!邦有道则仕;邦无道则可卷而怀之。"

[译文] 孔子说:"史鱼真是正直啊!国家太平,他的言行像箭一样直;国家昏暗,他的言行也像箭那样直。蘧伯玉真是个君子啊!国家太平,他就出来做官;国家昏暗,他就把自己的主张收藏起来。"

春秋时期,卫国有位贤人叫蘧伯玉,德才兼备,但是史鱼多次推荐,卫灵公就是不肯重用他。

尸谏

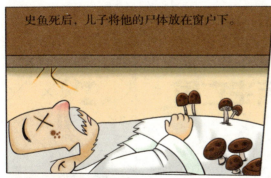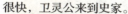

[原文] 子曰："人无远虑，必有近忧。"

[译文] 孔子说："人没有长远的考虑，一定会有眼前的忧患。"

[原文] 子曰："君子义以为质，礼以行之，孙以出之，信以成之。君子哉！"

[译文] 孔子说："君子以义作为根本，用礼加以推行，用谦逊的语言来表达，用忠诚的态度来完成。这就是君子啊！"

君子柳下惠

柳下惠是春秋时期鲁国人，被认为是中国传统道德的典范。公元前631年，齐孝公出兵讨伐鲁国。大臣臧文仲问柳下惠，鲁国怎样打败齐国？

听说大国如果做好小国的榜样，小国如果好好侍奉大国，就能避免祸乱。现在鲁国狂妄自大，触怒齐国，再怎么防御都是没有用的。

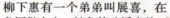

柳下惠有一个弟弟叫展喜，在鲁国做大夫，被鲁僖公派去前线慰劳士兵，鼓舞士气。

弟弟，你去前线后，想办法去见齐孝公，然后你……

嗯！嗯！

这天，展喜来到齐营。

叫胆小鬼鲁僖(xī)公赶紧滚来见我！

我齐国大军压境，你们害怕了吧？

哈哈哈！只有小人才会害怕，君子是不会害怕的！

[原文] 子曰:"巧言乱德,小不忍则乱大谋。"
[译文] 孔子说:"花言巧语会败坏人的德行,小事情不忍耐,就会扰乱大谋略。"

触龙说赵太后

公元前265年,赵惠文王去世,赵孝成王继位,实权由太后掌握。

秦国乘机围攻赵国,连拔三城,形势告急。赵国向齐国求救。

把赵国太子长安君送来齐国做客,我们就出兵相救!

可恶,齐国让我儿子过去分明是做人质,我舍不得!记住,以后谁要再提这件事,格杀勿论!

这天,左师触龙来见赵太后。

老臣脚有病,行走很不方便,可挂念太后的身体,所以特地来看望。

您每天的饮食没有减少吧?臣带了家乡特产给您尝尝!

每天就喝点粥,别的吃不下。

[原文] 子曰："过而不改，是谓过矣。"
[译文] 孔子说："有了过错而不改正，这才叫真正的错误。"

隋炀帝自取灭亡

隋炀帝杨广称帝后，本性逐渐暴露。他对内搜刮民脂民膏，对外发动战争，百姓生活十分艰苦。

隋炀帝喜欢华丽宫殿，好气派。为了建造东都洛阳，他每月派两百万人干活，其中一半以上的劳工累死在工地上。

赶紧搬，找抽是不是？

有一次，隋炀帝到南方巡游。

好气派的四层龙舟，哼，他玩就算了，路过的州县都要供应钱粮。我们自己还在挨饿呢。

公元611年，隋朝发动攻打高句（gōu）丽国的战争。隋炀帝大规模征兵、调粮、造战船。那些造船的水工日夜站在水里工作，在官吏的监督下，不能上岸休息，很多人身上长了蛆。

啊！大肉蛆！补充高蛋白的好料！

不知道是累死的还是饿死的！如果再不给我点吃的，下一个一定是我了！

又拖走一个……

隋炀帝荒淫、残暴，各地纷纷爆发起义。从公元614年到617年，全国起义军不下一百支，人数达数百万。

[原文] 子曰："事君，敬其事而后其食。"

[译文] 孔子说："侍奉君主，要敬守自己的职责，而把领取俸禄的事放在后面。"

一代楷模

季氏篇第十六

[原文] 孔子曰："益者三友，损者三友。友直，友谅，友多闻，益矣；友便辟，友善柔，友便佞（nìng），损矣。"

[译文] 孔子说："有益的朋友有三种，有害的朋友有三种。结交正直诚信、宽容大度、知识广博的朋友，是有益的；结交喜欢走歪门邪道、谄媚逢迎、善于花言巧语的人，是有害的。"

近朱者赤，近墨者黑

有一次，欧阳修替人写了一篇文章。

欧阳修把稿子认真修改后，又交给那人。

欧阳修在颍(yíng)州府(今安徽省阜阳市)当长官时,有位叫吕公著的年轻人在他手下当助理。

这天,欧阳修的朋友范仲淹路过颍州。

后来,在欧阳修的言传身教下,吕公著的写作能力提高很快。

[原文] 孔子曰:"君子有三戒,少之时,血气未定,戒之在色;及其壮也,血气方刚,戒之在斗;及其老也,血气既衰,戒之在得。"

[译文] 孔子说:"君子有三种事情应引以为戒,年少的时候,血气还不成熟,要戒除对女色的迷恋;等到身体成熟了,血气方刚,要戒除与人争斗;等到老年,血气已经衰弱了,要戒除贪得无厌。"

赵子龙无贪欲

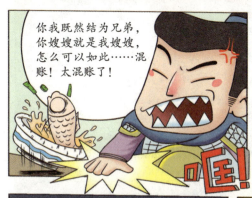

阳货篇第十七

[原文] 子曰:"性相近也,习相远也。"

[译文] 孔子说:"人的本性是相近的,由于后天习染不同才相互有了差别。"

种瓜

梁国和楚国相邻,两国的士兵在各自的边界种了西瓜。

梁国士兵很勤劳,他们给西瓜除草、施肥、浇水。

收获啦,好大好圆好甜!

楚国士兵很懒惰,到了收获时……

你确定这是我们种的西瓜吗?

这是西瓜?看起来不像啊。

好大的瓜!
一定很甜!
好嫉妒!
好想吃哦!

[原文] 子张问仁于孔子。孔子曰:"能行五者于天下,为仁矣。"请问之。曰:"恭、宽、信、敏、惠。恭则不侮,宽则得众,信则人任焉,敏则有功,惠则足以使人。"

[译文] 子张向孔子问仁德。孔子说:"能够处处实行五种品德,就是仁了。"子张说:"请问哪五种?"孔子说:"庄重、宽厚、诚信、勤敏、慈惠。庄重就不致遭受侮辱,宽厚就会得到众人的拥护,诚信就能得到别人的任用,勤敏就会取得功绩,慈惠就能够驱使他人。"

丙吉宽厚对车夫

[原文] 子曰："道听而途说，德之弃也。"
[译文] 孔子说："在路上听到传言就到处去传播，这是有德之人所唾弃的。"

三人成虎

庞恭是战国时期魏国人。这时期各诸侯国互相攻伐，为了使大家遵守信约，国与国之间通常将太子交给对方作为人质。

你要照顾好我儿子！不然我一定找你算账！

你才要照顾好我儿子！

这一年，庞恭要陪魏太子到赵国去做人质。

我这一走，一定会有人在魏王面前打我的小报告！我还是在走之前找魏王说说此事吧！

这天，庞恭陪魏王饮酒。

嗯，庞恭，你从哪学来的手艺？这烤肉真好吃！

好吃您就多吃点！

现在有个人说街市上出现了老虎，大王信吗？

不相信！

微子篇第十八

[原文] 微子去之，箕（jī）子为之奴，比干谏而死。孔子曰："殷有三仁焉。"

[译文] 微子离开了纣王，箕子做了他的奴隶，比干因直言进谏被杀死了。孔子说："这是殷朝的三位仁人啊！"

纣王拒谏

商朝后期，商纣王宠幸妖女妲己，终日寻欢作乐，荒淫无度，不理朝政。

纣王统治残暴，百姓稍有反抗，就会遭受酷刑。

很多大臣都来规劝纣王，却都无济于事。

[原文] 柳下惠为士师，三黜（chù）。人曰："子未可以去乎？"曰："直道而事人，焉往而不三黜？枉道而事人，何必去父母之邦？"

[译文] 柳下惠当典狱官，三次被罢免。有人说："你不可以离开鲁国吗？"柳下惠说："按正道侍奉君主，到哪里不会被多次罢官呢？如果不按正道侍奉君主，为什么一定要离开本国呢？"

[原文] 齐人归女乐,季桓子受之,三日不朝。孔子行。

[译文] 齐国人赠送了一些歌女给鲁国,季桓子接受了,三天不上朝。孔子于是离开了。

孔子周游列国

[原文] 周公谓鲁公曰："君子不施其亲,不使大臣怨乎不以。故旧无大故,则不弃也。无求备于一人。"

[译文] 周公对鲁公说："君子不疏远他的亲属,不使大臣们抱怨不重用他们。旧友老臣没有大的过失,就不要抛弃他们。不要对人求全责备。"

杯酒释兵权

宋太祖称帝后,发生过几次叛乱,虽然最终平定,可他还是很担心。一天,宋太祖找谋士赵普谈话。

子张篇第十九

[原文] 子夏曰："仕而优则学，学而优则仕。"

[译文] 子夏说："做官还有余力的人，就可以去学习，学习有余力的人，就可以去做官。"

东山再起

这年，东晋朝廷派人来征召谢安去朝廷做事。

后来，谢安干脆隐居到会稽的东山里，还与王羲之、许询等名士、名僧频繁交游。

[原文] 子贡曰:"君子之过也,如日月之食焉。过也,人皆见之;更也,人皆仰之。"

[译文] 子贡说:"君子的过错,就像日食和月食一样啊。他犯了错,人人都看见了;他改正过错,人人都仰望着他。"

周处除三害

尧曰篇第二十

[原文] 所重：民、食、丧、祭。宽则得众，信则民任焉，敏则有功，公则说。

[译文] 要重视人民、粮食、丧礼、祭祀。宽厚就能得到众人的拥护，诚信就能得到别人的任用，勤敏就能取得功绩，公平就能使民众心悦诚服。

明太祖惩贪吏

[原文] 孔子曰："不知命,无以为君子也;不知礼,无以立也;不知言,无以知人也。"

[译文] 孔子说："不懂得天命,就不能做君子;不知道礼仪,就不能立身处世;不善于分辨别人的话语,就不能真正了解他。"